RIA DEL MOURO

SEELENFENSTER

Jede Stimmung ist ein Fenster zur Seele

Seelenfenster

RIA DEL MOURO

Dieses Seelenfenster gehört

_____

FENSTERSCHLÜSSEL

Willkommen in deinem Seelenfenster,
dem Ort, an dem du dein Ich triffst.
Lass uns durch die Fenster deines Tages blicken.

Das Morgenfenster

Öffne es, nachdem du aufgewacht bist, und ein weiteres Mal,

nachdem du in den Tag gestartet bist.

Das Mittagsfenster

Öffne es, wenn die Hälfte des Tages geschafft ist.

Das Abendfenster

Öffne es, wenn der Tag hinter dir liegt.

Das Gedankenfenster

Öffne es, um den Tag zu reflektieren.

MORGEN

Schlaf: gut [ ] okay [ ] schlecht [ ]
Wasseraufnahme: 1x [ ] 2x [ ] 3 [ ] 4x [ ]
Frühstück: ja [ ] nein [ ]
Snack: ja [ ] nein [ ]
Nahrungsergänzungsmittel: ja [ ] nein [ ]
Medikamente: ja [ ] nein [ ]
Sport: ja [ ] nein [ ]

Was ist Gutes passiert?

_____

_____

_____

_____

_____

Was ist Schlechtes passiert?

_____

_____

_____

_____

_____

Gesamtstimmung: gut [ ] okay [ ] schlecht [ ]

Seelenfenster

MITTAG

Wasseraufnahme: 1x [ ] 2x [ ] 3x [ ] 4x [ ]
Mittagessen: ja [ ] nein [ ]
Snack: ja [ ] nein [ ]
Nahrungsergänzungsmittel: ja [ ] nein [ ]
Medikamente: ja [ ] nein [ ]
Sport: ja [ ] nein [ ]

Was ist Gutes passiert?

_____

_____

_____

_____

_____

Was ist Schlechtes passiert?

_____

_____

_____

_____

Gesamtstimmung: gut [ ] okay [ ] schlecht [ ]

ABEND

Wasseraufnahme: 1x [ ] 2x [ ] 3x [ ] 4x [ ]
Abendessen: ja [ ] nein [ ]
Snack: ja [ ] nein [ ]
Nahrungsergänzungsmittel: ja [ ] nein [ ]
Medikamente: ja [ ] nein [ ]
Sport: ja [ ] nein [ ]

Was ist Gutes passiert?

Was ist Schlechtes passiert?

Gesamtstimmung: gut [ ] okay [ ] schlecht [ ]

GEDANKENFENSTER

_____

_____

_____

_____

_____

_____

_____

_____

_____

_____

_____

_____

_____

_____

GEDANKENFENSTER

_____

_____

_____

_____

_____

_____

_____

_____

_____

_____

_____

_____

_____

_____

_____

GEDANKENFENSTER

_____

_____

_____

_____

_____

_____

_____

_____

_____

_____

_____

_____

_____

_____

_____

_____

GEDANKENFENSTER

_____

_____

_____

_____

_____

_____

_____

_____

_____

_____

_____

_____

_____

_____

_____

MORGEN

Schlaf: gut [ ] okay [ ] schlecht [ ]
Wasseraufnahme: 1x [ ] 2x [ ] 3 [ ] 4x [ ]
Frühstück: ja [ ] nein [ ]
Snack: ja [ ] nein [ ]
Nahrungsergänzungsmittel: ja [ ] nein [ ]
Medikamente: ja [ ] nein [ ]
Sport: ja [ ] nein [ ]

Was ist Gutes passiert?

_____

_____

_____

_____

_____

Was ist Schlechtes passiert?

_____

_____

_____

_____

_____

Gesamtstimmung: gut [ ] okay [ ] schlecht [ ]

MITTAG

Wasseraufnahme: 1x [ ] 2x [ ] 3x [ ] 4x [ ]
Mittagessen: ja [ ] nein [ ]
Snack: ja [ ] nein [ ]
Nahrungsergänzungsmittel: ja [ ] nein [ ]
Medikamente: ja [ ] nein [ ]
Sport: ja [ ] nein [ ]

Was ist Gutes passiert?

_____

_____

_____

_____

_____

Was ist Schlechtes passiert?

_____

_____

_____

_____

_____

Gesamtstimmung: gut [ ] okay [ ] schlecht [ ]

ABEND

Wasseraufnahme: 1x [ ] 2x [ ] 3x [ ] 4x [ ]
Abendessen: ja [ ] nein [ ]
Snack: ja [ ] nein [ ]
Nahrungsergänzungsmittel: ja [ ] nein [ ]
Medikamente: ja [ ] nein [ ]
Sport: ja [ ] nein [ ]

Was ist Gutes passiert?

_____

_____

_____

_____

_____

Was ist Schlechtes passiert?

_____

_____

_____

_____

Gesamtstimmung: gut [ ] okay [ ] schlecht [ ]

GEDANKENFENSTER

_____

_____

_____

_____

_____

_____

_____

_____

_____

_____

_____

_____

_____

_____

GEDANKENFENSTER

_____

_____

_____

_____

_____

_____

_____

_____

_____

_____

_____

_____

_____

_____

_____

_____

GEDANKENFENSTER

_____

_____

_____

_____

_____

_____

_____

_____

_____

_____

_____

_____

_____

_____

_____

_____

Seelenfenster

RIA DEL MOURO

GEDANKENFENSTER

———————————————————————

———————————————————————

———————————————————————

———————————————————————

———————————————————————

———————————————————————

———————————————————————

———————————————————————

———————————————————————

———————————————————————

———————————————————————

———————————————————————

———————————————————————

———————————————————————

MORGEN

Schlaf: gut [ ] okay [ ] schlecht [ ]
Wasseraufnahme: 1x [ ] 2x [ ] 3 [ ] 4x [ ]
Frühstück: ja [ ] nein [ ]
Snack: ja [ ] nein [ ]
Nahrungsergänzungsmittel: ja [ ] nein [ ]
Medikamente: ja [ ] nein [ ]
Sport: ja [ ] nein [ ]

Was ist Gutes passiert?

_____

_____

_____

_____

_____

Was ist Schlechtes passiert?

_____

_____

_____

_____

Gesamtstimmung: gut [ ] okay [ ] schlecht [ ]

MITTAG

Wasseraufnahme: 1x [ ] 2x [ ] 3x [ ] 4x [ ]
Mittagessen: ja [ ] nein [ ]
Snack: ja [ ] nein [ ]
Nahrungsergänzungsmittel: ja [ ] nein [ ]
Medikamente: ja [ ] nein [ ]
Sport: ja [ ] nein [ ]

Was ist Gutes passiert?

_____

_____

_____

_____

_____

Was ist Schlechtes passiert?

_____

_____

_____

_____

Gesamtstimmung: gut [ ] okay [ ] schlecht [ ]

ABEND

Wasseraufnahme: 1x [ ] 2x [ ] 3x [ ] 4x [ ]
Abendessen: ja [ ] nein [ ]
Snack: ja [ ] nein [ ]
Nahrungsergänzungsmittel: ja [ ] nein [ ]
Medikamente: ja [ ] nein [ ]
Sport: ja [ ] nein [ ]

Was ist Gutes passiert?

_____

_____

_____

_____

_____

Was ist Schlechtes passiert?

_____

_____

_____

_____

_____

Gesamtstimmung: gut [ ] okay [ ] schlecht [ ]

GEDANKENFENSTER

GEDANKENFENSTER

GEDANKENFENSTER

_____

_____

_____

_____

_____

_____

_____

_____

_____

_____

_____

_____

_____

_____

_____

GEDANKENFENSTER

_____

_____

_____

_____

_____

_____

_____

_____

_____

_____

_____

_____

_____

_____

MORGEN

Schlaf: gut [ ] okay [ ] schlecht [ ]
Wasseraufnahme: 1x [ ] 2x [ ] 3 [ ] 4x [ ]
Frühstück: ja [ ] nein [ ]
Snack: ja [ ] nein [ ]
Nahrungsergänzungsmittel: ja [ ] nein [ ]
Medikamente: ja [ ] nein [ ]
Sport: ja [ ] nein [ ]

Was ist Gutes passiert?

_____

_____

_____

_____

_____

Was ist Schlechtes passiert?

_____

_____

_____

_____

_____

Gesamtstimmung: gut [ ] okay [ ] schlecht [ ]

MITTAG

Wasseraufnahme: 1x [ ] 2x [ ] 3x [ ] 4x [ ]
Mittagessen: ja [ ] nein [ ]
Snack: ja [ ] nein [ ]
Nahrungsergänzungsmittel: ja [ ] nein [ ]
Medikamente: ja [ ] nein [ ]
Sport: ja [ ] nein [ ]

Was ist Gutes passiert?

_____

_____

_____

_____

_____

Was ist Schlechtes passiert?

_____

_____

_____

_____

_____

Gesamtstimmung: gut [ ] okay [ ] schlecht [ ]

Seelenfenster

ABEND

Wasseraufnahme: 1x [ ] 2x [ ] 3x [ ] 4x [ ]
Abendessen: ja [ ] nein [ ]
Snack: ja [ ] nein [ ]
Nahrungsergänzungsmittel: ja [ ] nein [ ]
Medikamente: ja [ ] nein [ ]
Sport: ja [ ] nein [ ]

Was ist Gutes passiert?

_____

_____

_____

_____

_____

Was ist Schlechtes passiert?

_____

_____

_____

_____

_____

Gesamtstimmung: gut [ ] okay [ ] schlecht [ ]

GEDANKENFENSTER

_____

_____

_____

_____

_____

_____

_____

_____

_____

_____

_____

_____

_____

_____

_____

GEDANKENFENSTER

GEDANKENFENSTER

_____

_____

_____

_____

_____

_____

_____

_____

_____

_____

_____

_____

_____

_____

_____

GEDANKENFENSTER

MORGEN

Schlaf: gut [ ] okay [ ] schlecht [ ]
Wasseraufnahme: 1x [ ] 2x [ ] 3 [ ] 4x [ ]
Frühstück: ja [ ] nein [ ]
Snack: ja [ ] nein [ ]
Nahrungsergänzungsmittel: ja [ ] nein [ ]
Medikamente: ja [ ] nein [ ]
Sport: ja [ ] nein [ ]

Was ist Gutes passiert?

_____

_____

_____

_____

_____

Was ist Schlechtes passiert?

_____

_____

_____

_____

Gesamtstimmung: gut [ ] okay [ ] schlecht [ ]

MITTAG

Wasseraufnahme: 1x [ ] 2x [ ] 3x [ ] 4x [ ]
Mittagessen: ja [ ] nein [ ]
Snack: ja [ ] nein [ ]
Nahrungsergänzungsmittel: ja [ ] nein [ ]
Medikamente: ja [ ] nein [ ]
Sport: ja [ ] nein [ ]

Was ist Gutes passiert?

_____

_____

_____

_____

_____

Was ist Schlechtes passiert?

_____

_____

_____

_____

_____

Gesamtstimmung: gut [ ] okay [ ] schlecht [ ]

ABEND

Wasseraufnahme: 1x [ ] 2x [ ] 3x [ ] 4x [ ]
Abendessen: ja [ ] nein [ ]
Snack: ja [ ] nein [ ]
Nahrungsergänzungsmittel: ja [ ] nein [ ]
Medikamente: ja [ ] nein [ ]
Sport: ja [ ] nein [ ]

Was ist Gutes passiert?

_____

_____

_____

_____

_____

Was ist Schlechtes passiert?

_____

_____

_____

_____

_____

Gesamtstimmung: gut [ ] okay [ ] schlecht [ ]

GEDANKENFENSTER

GEDANKENFENSTER

_____

_____

_____

_____

_____

_____

_____

_____

_____

_____

_____

_____

_____

_____

GEDANKENFENSTER

_____

_____

_____

_____

_____

_____

_____

_____

_____

_____

_____

_____

_____

_____

GEDANKENFENSTER

MORGEN

Schlaf: gut [ ] okay [ ] schlecht [ ]
Wasseraufnahme: 1x [ ] 2x [ ] 3 [ ] 4x [ ]
Frühstück: ja [ ] nein [ ]
Snack: ja [ ] nein [ ]
Nahrungsergänzungsmittel: ja [ ] nein [ ]
Medikamente: ja [ ] nein [ ]
Sport: ja [ ] nein [ ]

Was ist Gutes passiert?

_____

_____

_____

_____

_____

Was ist Schlechtes passiert?

_____

_____

_____

_____

_____

Gesamtstimmung: gut [ ] okay [ ] schlecht [ ]

MITTAG

Wasseraufnahme: 1x [ ] 2x [ ] 3x [ ] 4x [ ]
Mittagessen: ja [ ] nein [ ]
Snack: ja [ ] nein [ ]
Nahrungsergänzungsmittel: ja [ ] nein [ ]
Medikamente: ja [ ] nein [ ]
Sport: ja [ ] nein [ ]

Was ist Gutes passiert?

_____

_____

_____

_____

_____

Was ist Schlechtes passiert?

_____

_____

_____

_____

_____

Gesamtstimmung: gut [ ] okay [ ] schlecht [ ]

ABEND

Wasseraufnahme: 1x [ ] 2x [ ] 3x [ ] 4x [ ]
Abendessen: ja [ ] nein [ ]
Snack: ja [ ] nein [ ]
Nahrungsergänzungsmittel: ja [ ] nein [ ]
Medikamente: ja [ ] nein [ ]
Sport: ja [ ] nein [ ]

Was ist Gutes passiert?

_____

_____

_____

_____

Was ist Schlechtes passiert?

_____

_____

_____

_____

Gesamtstimmung: gut [ ] okay [ ] schlecht [ ]

GEDANKENFENSTER

_____

_____

_____

_____

_____

_____

_____

_____

_____

_____

_____

_____

_____

_____

_____

GEDANKENFENSTER

GEDANKENFENSTER

GEDANKENFENSTER

_____

_____

_____

_____

_____

_____

_____

_____

_____

_____

_____

_____

_____

_____

MORGEN

Schlaf: gut [ ] okay [ ] schlecht [ ]
Wasseraufnahme: 1x [ ] 2x [ ] 3 [ ] 4x [ ]
Frühstück: ja [ ] nein [ ]
Snack: ja [ ] nein [ ]
Nahrungsergänzungsmittel: ja [ ] nein [ ]
Medikamente: ja [ ] nein [ ]
Sport: ja [ ] nein [ ]

Was ist Gutes passiert?

_____

_____

_____

_____

Was ist Schlechtes passiert?

_____

_____

_____

_____

Gesamtstimmung: gut [ ] okay [ ] schlecht [ ]

MITTAG

Wasseraufnahme: 1x [ ] 2x [ ] 3x [ ] 4x [ ]
Mittagessen: ja [ ] nein [ ]
Snack: ja [ ] nein [ ]
Nahrungsergänzungsmittel: ja [ ] nein [ ]
Medikamente: ja [ ] nein [ ]
Sport: ja [ ] nein [ ]

Was ist Gutes passiert?

_____

_____

_____

_____

_____

Was ist Schlechtes passiert?

_____

_____

_____

_____

_____

Gesamtstimmung: gut [ ] okay [ ] schlecht [ ]

ABEND

Wasseraufnahme: 1x [ ] 2x [ ] 3x [ ] 4x [ ]
Abendessen: ja [ ] nein [ ]
Snack: ja [ ] nein [ ]
Nahrungsergänzungsmittel: ja [ ] nein [ ]
Medikamente: ja [ ] nein [ ]
Sport: ja [ ] nein [ ]

Was ist Gutes passiert?

_____

_____

_____

_____

_____

Was ist Schlechtes passiert?

_____

_____

_____

_____

_____

Gesamtstimmung: gut [ ] okay [ ] schlecht [ ]

GEDANKENFENSTER

_____

_____

_____

_____

_____

_____

_____

_____

_____

_____

_____

_____

_____

_____

GEDANKENFENSTER

GEDANKENFENSTER

_____

_____

_____

_____

_____

_____

_____

_____

_____

_____

_____

_____

_____

_____

GEDANKENFENSTER

_____

_____

_____

_____

_____

_____

_____

_____

_____

_____

_____

_____

_____

_____

Seelenfenster

MORGEN

Schlaf: gut [ ] okay [ ] schlecht [ ]
Wasseraufnahme: 1x [ ] 2x [ ] 3 [ ] 4x [ ]
Frühstück: ja [ ] nein [ ]
Snack: ja [ ] nein [ ]
Nahrungsergänzungsmittel: ja [ ] nein [ ]
Medikamente: ja [ ] nein [ ]
Sport: ja [ ] nein [ ]

Was ist Gutes passiert?

_____

_____

_____

_____

_____

Was ist Schlechtes passiert?

_____

_____

_____

_____

Gesamtstimmung: gut [ ] okay [ ] schlecht [ ]

MITTAG

Wasseraufnahme: 1x [ ] 2x [ ] 3x [ ] 4x [ ]
Mittagessen: ja [ ] nein [ ]
Snack: ja [ ] nein [ ]
Nahrungsergänzungsmittel: ja [ ] nein [ ]
Medikamente: ja [ ] nein [ ]
Sport: ja [ ] nein [ ]

Was ist Gutes passiert?

_____

_____

_____

_____

_____

Was ist Schlechtes passiert?

_____

_____

_____

_____

_____

Gesamtstimmung: gut [ ] okay [ ] schlecht [ ]

ABEND

Wasseraufnahme: 1x [ ] 2x [ ] 3x [ ] 4x [ ]
Abendessen: ja [ ] nein [ ]
Snack: ja [ ] nein [ ]
Nahrungsergänzungsmittel: ja [ ] nein [ ]
Medikamente: ja [ ] nein [ ]
Sport: ja [ ] nein [ ]

Was ist Gutes passiert?

_____

_____

_____

_____

_____

Was ist Schlechtes passiert?

_____

_____

_____

_____

_____

Gesamtstimmung: gut [ ] okay [ ] schlecht [ ]

GEDANKENFENSTER

_____

_____

_____

_____

_____

_____

_____

_____

_____

_____

_____

_____

_____

_____

Seelenfenster

_____

_____

_____

_____

_____

_____

_____

_____

_____

_____

_____

_____

_____

_____

GEDANKENFENSTER

_____

_____

_____

_____

_____

_____

_____

_____

_____

_____

_____

_____

_____

_____

GEDANKENFENSTER

MORGEN

Schlaf: gut [ ] okay [ ] schlecht [ ]
Wasseraufnahme: 1x [ ] 2x [ ] 3 [ ] 4x [ ]
Frühstück: ja [ ] nein [ ]
Snack: ja [ ] nein [ ]
Nahrungsergänzungsmittel: ja [ ] nein [ ]
Medikamente: ja [ ] nein [ ]
Sport: ja [ ] nein [ ]

Was ist Gutes passiert?

_____

_____

_____

_____

_____

Was ist Schlechtes passiert?

_____

_____

_____

_____

_____

Gesamtstimmung: gut [ ] okay [ ] schlecht [ ]

Seelenfenster

MITTAG

Wasseraufnahme: 1x [ ] 2x [ ] 3x [ ] 4x [ ]
Mittagessen: ja [ ] nein [ ]
Snack: ja [ ] nein [ ]
Nahrungsergänzungsmittel: ja [ ] nein [ ]
Medikamente: ja [ ] nein [ ]
Sport: ja [ ] nein [ ]

Was ist Gutes passiert?

_____

_____

_____

_____

_____

Was ist Schlechtes passiert?

_____

_____

_____

_____

_____

Gesamtstimmung: gut [ ] okay [ ] schlecht [ ]

ABEND

Wasseraufnahme: 1x [ ] 2x [ ] 3x [ ] 4x [ ]
Abendessen: ja [ ] nein [ ]
Snack: ja [ ] nein [ ]
Nahrungsergänzungsmittel: ja [ ] nein [ ]
Medikamente: ja [ ] nein [ ]
Sport: ja [ ] nein [ ]

Was ist Gutes passiert?

_____

_____

_____

_____

_____

Was ist Schlechtes passiert?

_____

_____

_____

_____

Gesamtstimmung: gut [ ] okay [ ] schlecht [ ]

GEDANKENFENSTER

GEDANKENFENSTER

_____

_____

_____

_____

_____

_____

_____

_____

_____

_____

_____

_____

_____

_____

GEDANKENFENSTER

GEDANKENFENSTER

MORGEN

Schlaf: gut [ ] okay [ ] schlecht [ ]
Wasseraufnahme: 1x [ ] 2x [ ] 3 [ ] 4x [ ]
Frühstück: ja [ ] nein [ ]
Snack: ja [ ] nein [ ]
Nahrungsergänzungsmittel: ja [ ] nein [ ]
Medikamente: ja [ ] nein [ ]
Sport: ja [ ] nein [ ]

Was ist Gutes passiert?

_____

_____

_____

_____

_____

Was ist Schlechtes passiert?

_____

_____

_____

_____

_____

Gesamtstimmung: gut [ ] okay [ ] schlecht [ ]

MITTAG

Wasseraufnahme: 1x [ ] 2x [ ] 3x [ ] 4x [ ]
Mittagessen: ja [ ] nein [ ]
Snack: ja [ ] nein [ ]
Nahrungsergänzungsmittel: ja [ ] nein [ ]
Medikamente: ja [ ] nein [ ]
Sport: ja [ ] nein [ ]

Was ist Gutes passiert?

_____

_____

_____

_____

_____

Was ist Schlechtes passiert?

_____

_____

_____

_____

Gesamtstimmung: gut [ ] okay [ ] schlecht [ ]

ABEND

Wasseraufnahme: 1x [ ] 2x [ ] 3x [ ] 4x [ ]
Abendessen: ja [ ] nein [ ]
Snack: ja [ ] nein [ ]
Nahrungsergänzungsmittel: ja [ ] nein [ ]
Medikamente: ja [ ] nein [ ]
Sport: ja [ ] nein [ ]

Was ist Gutes passiert?

_____

_____

_____

_____

_____

Was ist Schlechtes passiert?

_____

_____

_____

_____

_____

Gesamtstimmung: gut [ ] okay [ ] schlecht [ ]

GEDANKENFENSTER

_____

_____

_____

_____

_____

_____

_____

_____

_____

_____

_____

_____

_____

_____

_____

GEDANKENFENSTER

_____

_____

_____

_____

_____

_____

_____

_____

_____

_____

_____

_____

_____

_____

GEDANKENFENSTER

_____

_____

_____

_____

_____

_____

_____

_____

_____

_____

_____

_____

_____

_____

_____

Seelenfenster

RIA DEL MOURO

GEDANKENFENSTER

_____

_____

_____

_____

_____

_____

_____

_____

_____

_____

_____

_____

_____

_____

MORGEN

Schlaf: gut [ ] okay [ ] schlecht [ ]
Wasseraufnahme: 1x [ ] 2x [ ] 3 [ ] 4x [ ]
Frühstück: ja [ ] nein [ ]
Snack: ja [ ] nein [ ]
Nahrungsergänzungsmittel: ja [ ] nein [ ]
Medikamente: ja [ ] nein [ ]
Sport: ja [ ] nein [ ]

Was ist Gutes passiert?

_____

_____

_____

_____

_____

Was ist Schlechtes passiert?

_____

_____

_____

_____

Gesamtstimmung: gut [ ] okay [ ] schlecht [ ]

Seelenfenster

MITTAG

Wasseraufnahme: 1x [ ] 2x [ ] 3x [ ] 4x [ ]
Mittagessen: ja [ ] nein [ ]
Snack: ja [ ] nein [ ]
Nahrungsergänzungsmittel: ja [ ] nein [ ]
Medikamente: ja [ ] nein [ ]
Sport: ja [ ] nein [ ]

Was ist Gutes passiert?

_____

_____

_____

_____

_____

Was ist Schlechtes passiert?

_____

_____

_____

_____

Gesamtstimmung: gut [ ] okay [ ] schlecht [ ]

ABEND

Wasseraufnahme: 1x [ ] 2x [ ] 3x [ ] 4x [ ]
Abendessen: ja [ ] nein [ ]
Snack: ja [ ] nein [ ]
Nahrungsergänzungsmittel: ja [ ] nein [ ]
Medikamente: ja [ ] nein [ ]
Sport: ja [ ] nein [ ]

Was ist Gutes passiert?

_____

_____

_____

_____

_____

Was ist Schlechtes passiert?

_____

_____

_____

_____

_____

Gesamtstimmung: gut [ ] okay [ ] schlecht [ ]

GEDANKENFENSTER

GEDANKENFENSTER

GEDANKENFENSTER

_____

_____

_____

_____

_____

_____

_____

_____

_____

_____

_____

_____

_____

_____

GEDANKENFENSTER

_____

_____

_____

_____

_____

_____

_____

_____

_____

_____

_____

_____

_____

_____

_____

_____

MORGEN

Schlaf: gut [ ] okay [ ] schlecht [ ]
Wasseraufnahme: 1x [ ] 2x [ ] 3 [ ] 4x [ ]
Frühstück: ja [ ] nein [ ]
Snack: ja [ ] nein [ ]
Nahrungsergänzungsmittel: ja [ ] nein [ ]
Medikamente: ja [ ] nein [ ]
Sport: ja [ ] nein [ ]

Was ist Gutes passiert?

_____

_____

_____

_____

_____

Was ist Schlechtes passiert?

_____

_____

_____

_____

Gesamtstimmung: gut [ ] okay [ ] schlecht [ ]

MITTAG

Wasseraufnahme: 1x [ ] 2x [ ] 3x [ ] 4x [ ]
Mittagessen: ja [ ] nein [ ]
Snack: ja [ ] nein [ ]
Nahrungsergänzungsmittel: ja [ ] nein [ ]
Medikamente: ja [ ] nein [ ]
Sport: ja [ ] nein [ ]

Was ist Gutes passiert?

_____

_____

_____

_____

_____

Was ist Schlechtes passiert?

_____

_____

_____

_____

_____

Gesamtstimmung: gut [ ] okay [ ] schlecht [ ]

ABEND

Wasseraufnahme: 1x [ ] 2x [ ] 3x [ ] 4x [ ]
Abendessen: ja [ ] nein [ ]
Snack: ja [ ] nein [ ]
Nahrungsergänzungsmittel: ja [ ] nein [ ]
Medikamente: ja [ ] nein [ ]
Sport: ja [ ] nein [ ]

Was ist Gutes passiert?

_____

_____

_____

_____

_____

Was ist Schlechtes passiert?

_____

_____

_____

_____

_____

Gesamtstimmung: gut [ ] okay [ ] schlecht [ ]

GEDANKENFENSTER

_____

_____

_____

_____

_____

_____

_____

_____

_____

_____

_____

_____

_____

_____

GEDANKENFENSTER

_____

_____

_____

_____

_____

_____

_____

_____

_____

_____

_____

_____

_____

_____

GEDANKENFENSTER

_____

_____

_____

_____

_____

_____

_____

_____

_____

_____

_____

_____

_____

Seelenfenster

GEDANKENFENSTER

_____

_____

_____

_____

_____

_____

_____

_____

_____

_____

_____

_____

_____

_____

_____

MORGEN

Schlaf: gut [ ] okay [ ] schlecht [ ]
Wasseraufnahme: 1x [ ] 2x [ ] 3 [ ] 4x [ ]
Frühstück: ja [ ] nein [ ]
Snack: ja [ ] nein [ ]
Nahrungsergänzungsmittel: ja [ ] nein [ ]
Medikamente: ja [ ] nein [ ]
Sport: ja [ ] nein [ ]

Was ist Gutes passiert?

_____

_____

_____

_____

_____

Was ist Schlechtes passiert?

_____

_____

_____

_____

_____

Gesamtstimmung: gut [ ] okay [ ] schlecht [ ]

MITTAG

Wasseraufnahme: 1x [ ] 2x [ ] 3x [ ] 4x [ ]
Mittagessen: ja [ ] nein [ ]
Snack: ja [ ] nein [ ]
Nahrungsergänzungsmittel: ja [ ] nein [ ]
Medikamente: ja [ ] nein [ ]
Sport: ja [ ] nein [ ]

Was ist Gutes passiert?

_____

_____

_____

_____

_____

Was ist Schlechtes passiert?

_____

_____

_____

_____

_____

Gesamtstimmung: gut [ ] okay [ ] schlecht [ ]

ABEND

Wasseraufnahme: 1x [ ] 2x [ ] 3x [ ] 4x [ ]
Abendessen: ja [ ] nein [ ]
Snack: ja [ ] nein [ ]
Nahrungsergänzungsmittel: ja [ ] nein [ ]
Medikamente: ja [ ] nein [ ]
Sport: ja [ ] nein [ ]

Was ist Gutes passiert?

_____

_____

_____

_____

_____

Was ist Schlechtes passiert?

_____

_____

_____

_____

_____

Gesamtstimmung: gut [ ] okay [ ] schlecht [ ]

GEDANKENFENSTER

_____

_____

_____

_____

_____

_____

_____

_____

_____

_____

_____

_____

_____

_____

_____

GEDANKENFENSTER

GEDANKENFENSTER

GEDANKENFENSTER

_____

_____

_____

_____

_____

_____

_____

_____

_____

_____

_____

_____

_____

_____

Seelenfenster

MORGEN

Schlaf: gut [ ] okay [ ] schlecht [ ]
Wasseraufnahme: 1x [ ] 2x [ ] 3 [ ] 4x [ ]
Frühstück: ja [ ] nein [ ]
Snack: ja [ ] nein [ ]
Nahrungsergänzungsmittel: ja [ ] nein [ ]
Medikamente: ja [ ] nein [ ]
Sport: ja [ ] nein [ ]

Was ist Gutes passiert?

_____

_____

_____

_____

_____

Was ist Schlechtes passiert?

_____

_____

_____

_____

Gesamtstimmung: gut [ ] okay [ ] schlecht [ ]

MITTAG

Wasseraufnahme: 1x [ ] 2x [ ] 3x [ ] 4x [ ]
Mittagessen: ja [ ] nein [ ]
Snack: ja [ ] nein [ ]
Nahrungsergänzungsmittel: ja [ ] nein [ ]
Medikamente: ja [ ] nein [ ]
Sport: ja [ ] nein [ ]

Was ist Gutes passiert?

_____

_____

_____

_____

_____

Was ist Schlechtes passiert?

_____

_____

_____

_____

_____

Gesamtstimmung: gut [ ] okay [ ] schlecht [ ]

ABEND

Wasseraufnahme: 1x [ ] 2x [ ] 3x [ ] 4x [ ]
Abendessen: ja [ ] nein [ ]
Snack: ja [ ] nein [ ]
Nahrungsergänzungsmittel: ja [ ] nein [ ]
Medikamente: ja [ ] nein [ ]
Sport: ja [ ] nein [ ]

Was ist Gutes passiert?

_____

_____

_____

_____

_____

Was ist Schlechtes passiert?

_____

_____

_____

_____

Gesamtstimmung: gut [ ] okay [ ] schlecht [ ]

GEDANKENFENSTER

_____

_____

_____

_____

_____

_____

_____

_____

_____

_____

_____

_____

_____

_____

_____

GEDANKENFENSTER

GEDANKENFENSTER

_____

_____

_____

_____

_____

_____

_____

_____

_____

_____

_____

_____

_____

_____

GEDANKENFENSTER

_____

_____

_____

_____

_____

_____

_____

_____

_____

_____

_____

_____

_____

_____

Seelenfenster

MORGEN

Schlaf: gut [ ] okay [ ] schlecht [ ]
Wasseraufnahme: 1x [ ] 2x [ ] 3 [ ] 4x [ ]
Frühstück: ja [ ] nein [ ]
Snack: ja [ ] nein [ ]
Nahrungsergänzungsmittel: ja [ ] nein [ ]
Medikamente: ja [ ] nein [ ]
Sport: ja [ ] nein [ ]

Was ist Gutes passiert?

_____

_____

_____

_____

_____

Was ist Schlechtes passiert?

_____

_____

_____

_____

Gesamtstimmung: gut [ ] okay [ ] schlecht [ ]

MITTAG

Wasseraufnahme: 1x [ ] 2x [ ] 3x [ ] 4x [ ]
Mittagessen: ja [ ] nein [ ]
Snack: ja [ ] nein [ ]
Nahrungsergänzungsmittel: ja [ ] nein [ ]
Medikamente: ja [ ] nein [ ]
Sport: ja [ ] nein [ ]

Was ist Gutes passiert?

_____

_____

_____

_____

_____

Was ist Schlechtes passiert?

_____

_____

_____

_____

_____

Gesamtstimmung: gut [ ] okay [ ] schlecht [ ]

Seelenfenster

ABEND

Wasseraufnahme: 1x [ ] 2x [ ] 3x [ ] 4x [ ]
Abendessen: ja [ ] nein [ ]
Snack: ja [ ] nein [ ]
Nahrungsergänzungsmittel: ja [ ] nein [ ]
Medikamente: ja [ ] nein [ ]
Sport: ja [ ] nein [ ]

Was ist Gutes passiert?

_____

_____

_____

_____

_____

Was ist Schlechtes passiert?

_____

_____

_____

_____

_____

Gesamtstimmung: gut [ ] okay [ ] schlecht [ ]

GEDANKENFENSTER

GEDANKENFENSTER

GEDANKENFENSTER

GEDANKENFENSTER

Seelenfenster
MORGEN

Schlaf: gut [ ] okay [ ] schlecht [ ]
Wasseraufnahme: 1x [ ] 2x [ ] 3 [ ] 4x [ ]
Frühstück: ja [ ] nein [ ]
Snack: ja [ ] nein [ ]
Nahrungsergänzungsmittel: ja [ ] nein [ ]
Medikamente: ja [ ] nein [ ]
Sport: ja [ ] nein [ ]

Was ist Gutes passiert?

_____

_____

_____

_____

_____

Was ist Schlechtes passiert?

_____

_____

_____

_____

_____

Gesamtstimmung: gut [ ] okay [ ] schlecht [ ]

Seelenfenster

MITTAG

Wasseraufnahme: 1x [ ] 2x [ ] 3x [ ] 4x [ ]
Mittagessen: ja [ ] nein [ ]
Snack: ja [ ] nein [ ]
Nahrungsergänzungsmittel: ja [ ] nein [ ]
Medikamente: ja [ ] nein [ ]
Sport: ja [ ] nein [ ]

Was ist Gutes passiert?

_____

_____

_____

_____

_____

Was ist Schlechtes passiert?

_____

_____

_____

_____

_____

Gesamtstimmung: gut [ ] okay [ ] schlecht [ ]

ABEND

Wasseraufnahme: 1x [ ] 2x [ ] 3x [ ] 4x [ ]
Abendessen: ja [ ] nein [ ]
Snack: ja [ ] nein [ ]
Nahrungsergänzungsmittel: ja [ ] nein [ ]
Medikamente: ja [ ] nein [ ]
Sport: ja [ ] nein [ ]

Was ist Gutes passiert?

_____

_____

_____

_____

_____

Was ist Schlechtes passiert?

_____

_____

_____

_____

_____

Gesamtstimmung: gut [ ] okay [ ] schlecht [ ]

GEDANKENFENSTER

_____

_____

_____

_____

_____

_____

_____

_____

_____

_____

_____

_____

_____

_____

_____

_____

GEDANKENFENSTER

_____

_____

_____

_____

_____

_____

_____

_____

_____

_____

_____

_____

_____

_____

_____

_____

GEDANKENFENSTER

_____

_____

_____

_____

_____

_____

_____

_____

_____

_____

_____

_____

_____

Seelenfenster

GEDANKENFENSTER

_____

_____

_____

_____

_____

_____

_____

_____

_____

_____

_____

_____

_____

_____

MORGEN

Schlaf: gut [ ] okay [ ] schlecht [ ]
Wasseraufnahme: 1x [ ] 2x [ ] 3 [ ] 4x [ ]
Frühstück: ja [ ] nein [ ]
Snack: ja [ ] nein [ ]
Nahrungsergänzungsmittel: ja [ ] nein [ ]
Medikamente: ja [ ] nein [ ]
Sport: ja [ ] nein [ ]

Was ist Gutes passiert?

_____

_____

_____

_____

_____

Was ist Schlechtes passiert?

_____

_____

_____

_____

_____

Gesamtstimmung: gut [ ] okay [ ] schlecht [ ]

MITTAG

Wasseraufnahme: 1x [ ] 2x [ ] 3x [ ] 4x [ ]
Mittagessen: ja [ ] nein [ ]
Snack: ja [ ] nein [ ]
Nahrungsergänzungsmittel: ja [ ] nein [ ]
Medikamente: ja [ ] nein [ ]
Sport: ja [ ] nein [ ]

Was ist Gutes passiert?

_____

_____

_____

_____

_____

Was ist Schlechtes passiert?

_____

_____

_____

_____

_____

Gesamtstimmung: gut [ ] okay [ ] schlecht [ ]

ABEND

Wasseraufnahme: 1x [ ] 2x [ ] 3x [ ] 4x [ ]
Abendessen: ja [ ] nein [ ]
Snack: ja [ ] nein [ ]
Nahrungsergänzungsmittel: ja [ ] nein [ ]
Medikamente: ja [ ] nein [ ]
Sport: ja [ ] nein [ ]

Was ist Gutes passiert?

_____

_____

_____

_____

_____

Was ist Schlechtes passiert?

_____

_____

_____

_____

Gesamtstimmung: gut [ ] okay [ ] schlecht [ ]

GEDANKENFENSTER

_____

_____

_____

_____

_____

_____

_____

_____

_____

_____

_____

_____

_____

_____

_____

GEDANKENFENSTER

_____

_____

_____

_____

_____

_____

_____

_____

_____

_____

_____

_____

_____

_____

GEDANKENFENSTER

GEDANKENFENSTER

_____

_____

_____

_____

_____

_____

_____

_____

_____

_____

_____

_____

_____

_____

MORGEN

Schlaf: gut [ ] okay [ ] schlecht [ ]
Wasseraufnahme: 1x [ ] 2x [ ] 3 [ ] 4x [ ]
Frühstück: ja [ ] nein [ ]
Snack: ja [ ] nein [ ]
Nahrungsergänzungsmittel: ja [ ] nein [ ]
Medikamente: ja [ ] nein [ ]
Sport: ja [ ] nein [ ]

Was ist Gutes passiert?

_____

_____

_____

_____

_____

Was ist Schlechtes passiert?

_____

_____

_____

_____

Gesamtstimmung: gut [ ] okay [ ] schlecht [ ]

MITTAG

Wasseraufnahme: 1x [ ] 2x [ ] 3x [ ] 4x [ ]
Mittagessen: ja [ ] nein [ ]
Snack: ja [ ] nein [ ]
Nahrungsergänzungsmittel: ja [ ] nein [ ]
Medikamente: ja [ ] nein [ ]
Sport: ja [ ] nein [ ]

Was ist Gutes passiert?

_____

_____

_____

_____

_____

Was ist Schlechtes passiert?

_____

_____

_____

_____

_____

Gesamtstimmung: gut [ ] okay [ ] schlecht [ ]

ABEND

Wasseraufnahme: 1x [ ] 2x [ ] 3x [ ] 4x [ ]
Abendessen: ja [ ] nein [ ]
Snack: ja [ ] nein [ ]
Nahrungsergänzungsmittel: ja [ ] nein [ ]
Medikamente: ja [ ] nein [ ]
Sport: ja [ ] nein [ ]

Was ist Gutes passiert?

_____

_____

_____

_____

_____

Was ist Schlechtes passiert?

_____

_____

_____

_____

_____

Gesamtstimmung: gut [ ] okay [ ] schlecht [ ]

GEDANKENFENSTER

_____

_____

_____

_____

_____

_____

_____

_____

_____

_____

_____

_____

_____

GEDANKENFENSTER

_____

_____

_____

_____

_____

_____

_____

_____

_____

_____

_____

_____

_____

_____

_____

_____

GEDANKENFENSTER

_____

_____

_____

_____

_____

_____

_____

_____

_____

_____

_____

_____

_____

_____

GEDANKENFENSTER

_____

_____

_____

_____

_____

_____

_____

_____

_____

_____

_____

_____

_____

_____

MORGEN

Schlaf: gut [ ] okay [ ] schlecht [ ]
Wasseraufnahme: 1x [ ] 2x [ ] 3 [ ] 4x [ ]
Frühstück: ja [ ] nein [ ]
Snack: ja [ ] nein [ ]
Nahrungsergänzungsmittel: ja [ ] nein [ ]
Medikamente: ja [ ] nein [ ]
Sport: ja [ ] nein [ ]

Was ist Gutes passiert?

_____

_____

_____

_____

_____

Was ist Schlechtes passiert?

_____

_____

_____

_____

Gesamtstimmung: gut [ ] okay [ ] schlecht [ ]

MITTAG

Wasseraufnahme: 1x [ ] 2x [ ] 3x [ ] 4x [ ]
Mittagessen: ja [ ] nein [ ]
Snack: ja [ ] nein [ ]
Nahrungsergänzungsmittel: ja [ ] nein [ ]
Medikamente: ja [ ] nein [ ]
Sport: ja [ ] nein [ ]

Was ist Gutes passiert?

_____

_____

_____

_____

_____

Was ist Schlechtes passiert?

_____

_____

_____

_____

_____

Gesamtstimmung: gut [ ] okay [ ] schlecht [ ]

ABEND

Wasseraufnahme: 1x [ ] 2x [ ] 3x [ ] 4x [ ]
Abendessen: ja [ ] nein [ ]
Snack: ja [ ] nein [ ]
Nahrungsergänzungsmittel: ja [ ] nein [ ]
Medikamente: ja [ ] nein [ ]
Sport: ja [ ] nein [ ]

Was ist Gutes passiert?

_____

_____

_____

_____

_____

Was ist Schlechtes passiert?

_____

_____

_____

_____

_____

Gesamtstimmung: gut [ ] okay [ ] schlecht [ ]

Seelenfenster

GEDANKENFENSTER

GEDANKENFENSTER

_____

_____

_____

_____

_____

_____

_____

_____

_____

_____

_____

_____

_____

_____

_____

GEDANKENFENSTER

_____

_____

_____

_____

_____

_____

_____

_____

_____

_____

_____

_____

_____

_____

GEDANKENFENSTER

_____

_____

_____

_____

_____

_____

_____

_____

_____

_____

_____

_____

_____

_____

_____

MORGEN

Schlaf: gut [ ] okay [ ] schlecht [ ]
Wasseraufnahme: 1x [ ] 2x [ ] 3 [ ] 4x [ ]
Frühstück: ja [ ] nein [ ]
Snack: ja [ ] nein [ ]
Nahrungsergänzungsmittel: ja [ ] nein [ ]
Medikamente: ja [ ] nein [ ]
Sport: ja [ ] nein [ ]

Was ist Gutes passiert?

_____

_____

_____

_____

_____

Was ist Schlechtes passiert?

_____

_____

_____

_____

_____

Gesamtstimmung: gut [ ] okay [ ] schlecht [ ]

MITTAG

Wasseraufnahme: 1x [ ] 2x [ ] 3x [ ] 4x [ ]
Mittagessen: ja [ ] nein [ ]
Snack: ja [ ] nein [ ]
Nahrungsergänzungsmittel: ja [ ] nein [ ]
Medikamente: ja [ ] nein [ ]
Sport: ja [ ] nein [ ]

Was ist Gutes passiert?

_____

_____

_____

_____

_____

Was ist Schlechtes passiert?

_____

_____

_____

_____

_____

Gesamtstimmung: gut [ ] okay [ ] schlecht [ ]

ABEND

Wasseraufnahme: 1x [ ] 2x [ ] 3x [ ] 4x [ ]
Abendessen: ja [ ] nein [ ]
Snack: ja [ ] nein [ ]
Nahrungsergänzungsmittel: ja [ ] nein [ ]
Medikamente: ja [ ] nein [ ]
Sport: ja [ ] nein [ ]

Was ist Gutes passiert?

_____

_____

_____

_____

_____

Was ist Schlechtes passiert?

_____

_____

_____

_____

_____

Gesamtstimmung: gut [ ] okay [ ] schlecht [ ]

GEDANKENFENSTER

_____

_____

_____

_____

_____

_____

_____

_____

_____

_____

_____

_____

_____

_____

_____

GEDANKENFENSTER

GEDANKENFENSTER

GEDANKENFENSTER

_____

_____

_____

_____

_____

_____

_____

_____

_____

_____

_____

_____

_____

_____

_____

MORGEN

Schlaf: gut [ ] okay [ ] schlecht [ ]
Wasseraufnahme: 1x [ ] 2x [ ] 3 [ ] 4x [ ]
Frühstück: ja [ ] nein [ ]
Snack: ja [ ] nein [ ]
Nahrungsergänzungsmittel: ja [ ] nein [ ]
Medikamente: ja [ ] nein [ ]
Sport: ja [ ] nein [ ]

Was ist Gutes passiert?

_____

_____

_____

_____

_____

Was ist Schlechtes passiert?

_____

_____

_____

_____

_____

Gesamtstimmung: gut [ ] okay [ ] schlecht [ ]

MITTAG

Wasseraufnahme: 1x [ ] 2x [ ] 3x [ ] 4x [ ]
Mittagessen: ja [ ] nein [ ]
Snack: ja [ ] nein [ ]
Nahrungsergänzungsmittel: ja [ ] nein [ ]
Medikamente: ja [ ] nein [ ]
Sport: ja [ ] nein [ ]

Was ist Gutes passiert?

_____

_____

_____

_____

_____

Was ist Schlechtes passiert?

_____

_____

_____

_____

_____

Gesamtstimmung: gut [ ] okay [ ] schlecht [ ]

ABEND

Wasseraufnahme: 1x [ ] 2x [ ] 3x [ ] 4x [ ]
Abendessen: ja [ ] nein [ ]
Snack: ja [ ] nein [ ]
Nahrungsergänzungsmittel: ja [ ] nein [ ]
Medikamente: ja [ ] nein [ ]
Sport: ja [ ] nein [ ]

Was ist Gutes passiert?

_____

_____

_____

_____

_____

Was ist Schlechtes passiert?

_____

_____

_____

_____

_____

Gesamtstimmung: gut [ ] okay [ ] schlecht [ ]

GEDANKENFENSTER

_____

_____

_____

_____

_____

_____

_____

_____

_____

_____

_____

_____

_____

_____

_____

_____

GEDANKENFENSTER

_____

_____

_____

_____

_____

_____

_____

_____

_____

_____

_____

_____

_____

GEDANKENFENSTER

_____

_____

_____

_____

_____

_____

_____

_____

_____

_____

_____

_____

_____

_____

GEDANKENFENSTER

_____

_____

_____

_____

_____

_____

_____

_____

_____

_____

_____

_____

_____

_____

_____

MORGEN

Schlaf: gut [ ] okay [ ] schlecht [ ]
Wasseraufnahme: 1x [ ] 2x [ ] 3 [ ] 4x [ ]
Frühstück: ja [ ] nein [ ]
Snack: ja [ ] nein [ ]
Nahrungsergänzungsmittel: ja [ ] nein [ ]
Medikamente: ja [ ] nein [ ]
Sport: ja [ ] nein [ ]

Was ist Gutes passiert?

_____

_____

_____

_____

_____

Was ist Schlechtes passiert?

_____

_____

_____

_____

Gesamtstimmung: gut [ ] okay [ ] schlecht [ ]

MITTAG

Wasseraufnahme: 1x [ ] 2x [ ] 3x [ ] 4x [ ]
Mittagessen: ja [ ] nein [ ]
Snack: ja [ ] nein [ ]
Nahrungsergänzungsmittel: ja [ ] nein [ ]
Medikamente: ja [ ] nein [ ]
Sport: ja [ ] nein [ ]

Was ist Gutes passiert?

_____

_____

_____

_____

_____

Was ist Schlechtes passiert?

_____

_____

_____

_____

_____

Gesamtstimmung: gut [ ] okay [ ] schlecht [ ]

ABEND

Wasseraufnahme: 1x [ ] 2x [ ] 3x [ ] 4x [ ]
Abendessen: ja [ ] nein [ ]
Snack: ja [ ] nein [ ]
Nahrungsergänzungsmittel: ja [ ] nein [ ]
Medikamente: ja [ ] nein [ ]
Sport: ja [ ] nein [ ]

Was ist Gutes passiert?

_____

_____

_____

_____

_____

Was ist Schlechtes passiert?

_____

_____

_____

_____

_____

Gesamtstimmung: gut [ ] okay [ ] schlecht [ ]

GEDANKENFENSTER

GEDANKENFENSTER

_____

_____

_____

_____

_____

_____

_____

_____

_____

_____

_____

_____

_____

_____

_____

_____

GEDANKENFENSTER

_____

_____

_____

_____

_____

_____

_____

_____

_____

_____

_____

_____

_____

_____

GEDANKENFENSTER

MORGEN

Schlaf: gut [ ] okay [ ] schlecht [ ]
Wasseraufnahme: 1x [ ] 2x [ ] 3 [ ] 4x [ ]
Frühstück: ja [ ] nein [ ]
Snack: ja [ ] nein [ ]
Nahrungsergänzungsmittel: ja [ ] nein [ ]
Medikamente: ja [ ] nein [ ]
Sport: ja [ ] nein [ ]

Was ist Gutes passiert?

_____

_____

_____

_____

_____

Was ist Schlechtes passiert?

_____

_____

_____

_____

_____

Gesamtstimmung: gut [ ] okay [ ] schlecht [ ]

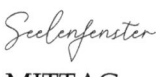

MITTAG

Wasseraufnahme: 1x [ ] 2x [ ] 3x [ ] 4x [ ]
Mittagessen: ja [ ] nein [ ]
Snack: ja [ ] nein [ ]
Nahrungsergänzungsmittel: ja [ ] nein [ ]
Medikamente: ja [ ] nein [ ]
Sport: ja [ ] nein [ ]

Was ist Gutes passiert?

_____

_____

_____

_____

Was ist Schlechtes passiert?

_____

_____

_____

_____

Gesamtstimmung: gut [ ] okay [ ] schlecht [ ]

ABEND

Wasseraufnahme: 1x [ ] 2x [ ] 3x [ ] 4x [ ]
Abendessen: ja [ ] nein [ ]
Snack: ja [ ] nein [ ]
Nahrungsergänzungsmittel: ja [ ] nein [ ]
Medikamente: ja [ ] nein [ ]
Sport: ja [ ] nein [ ]

Was ist Gutes passiert?

_____

_____

_____

_____

_____

Was ist Schlechtes passiert?

_____

_____

_____

_____

_____

Gesamtstimmung: gut [ ] okay [ ] schlecht [ ]

GEDANKENFENSTER

GEDANKENFENSTER

_____

_____

_____

_____

_____

_____

_____

_____

_____

_____

_____

_____

_____

_____

GEDANKENFENSTER

GEDANKENFENSTER

Seelenfenster

MORGEN

Schlaf: gut [ ] okay [ ] schlecht [ ]
Wasseraufnahme: 1x [ ] 2x [ ] 3 [ ] 4x [ ]
Frühstück: ja [ ] nein [ ]
Snack: ja [ ] nein [ ]
Nahrungsergänzungsmittel: ja [ ] nein [ ]
Medikamente: ja [ ] nein [ ]
Sport: ja [ ] nein [ ]

Was ist Gutes passiert?

_____

_____

_____

_____

_____

Was ist Schlechtes passiert?

_____

_____

_____

_____

Gesamtstimmung: gut [ ] okay [ ] schlecht [ ]

Seelenfenster

MITTAG

Wasseraufnahme: 1x [ ] 2x [ ] 3x [ ] 4x [ ]
Mittagessen: ja [ ] nein [ ]
Snack: ja [ ] nein [ ]
Nahrungsergänzungsmittel: ja [ ] nein [ ]
Medikamente: ja [ ] nein [ ]
Sport: ja [ ] nein [ ]

Was ist Gutes passiert?

_____

_____

_____

_____

_____

Was ist Schlechtes passiert?

_____

_____

_____

_____

_____

Gesamtstimmung: gut [ ] okay [ ] schlecht [ ]

ABEND

Wasseraufnahme: 1x [ ] 2x [ ] 3x [ ] 4x [ ]
Abendessen: ja [ ] nein [ ]
Snack: ja [ ] nein [ ]
Nahrungsergänzungsmittel: ja [ ] nein [ ]
Medikamente: ja [ ] nein [ ]
Sport: ja [ ] nein [ ]

Was ist Gutes passiert?

_____

_____

_____

_____

_____

Was ist Schlechtes passiert?

_____

_____

_____

_____

_____

Gesamtstimmung: gut [ ] okay [ ] schlecht [ ]

GEDANKENFENSTER

_____

_____

_____

_____

_____

_____

_____

_____

_____

_____

_____

_____

_____

_____

_____

_____

Seelenfenster

RIA DEL MOURO

GEDANKENFENSTER

_____

_____

_____

_____

_____

_____

_____

_____

_____

_____

_____

_____

_____

_____

_____

_____

GEDANKENFENSTER

GEDANKENFENSTER

MORGEN

Schlaf: gut [ ] okay [ ] schlecht [ ]
Wasseraufnahme: 1x [ ] 2x [ ] 3 [ ] 4x [ ]
Frühstück: ja [ ] nein [ ]
Snack: ja [ ] nein [ ]
Nahrungsergänzungsmittel: ja [ ] nein [ ]
Medikamente: ja [ ] nein [ ]
Sport: ja [ ] nein [ ]

Was ist Gutes passiert?

_____

_____

_____

_____

_____

Was ist Schlechtes passiert?

_____

_____

_____

_____

_____

Gesamtstimmung: gut [ ] okay [ ] schlecht [ ]

MITTAG

Wasseraufnahme: 1x [ ] 2x [ ] 3x [ ] 4x [ ]
Mittagessen: ja [ ] nein [ ]
Snack: ja [ ] nein [ ]
Nahrungsergänzungsmittel: ja [ ] nein [ ]
Medikamente: ja [ ] nein [ ]
Sport: ja [ ] nein [ ]

Was ist Gutes passiert?

_____

_____

_____

_____

_____

Was ist Schlechtes passiert?

_____

_____

_____

_____

_____

Gesamtstimmung: gut [ ] okay [ ] schlecht [ ]

Seelenfenster

ABEND

Wasseraufnahme: 1x [ ] 2x [ ] 3x [ ] 4x [ ]
Abendessen: ja [ ] nein [ ]
Snack: ja [ ] nein [ ]
Nahrungsergänzungsmittel: ja [ ] nein [ ]
Medikamente: ja [ ] nein [ ]
Sport: ja [ ] nein [ ]

Was ist Gutes passiert?

_____

_____

_____

_____

_____

Was ist Schlechtes passiert?

_____

_____

_____

_____

_____

Gesamtstimmung: gut [ ] okay [ ] schlecht [ ]

GEDANKENFENSTER

_____

_____

_____

_____

_____

_____

_____

_____

_____

_____

_____

_____

_____

_____

_____

GEDANKENFENSTER

GEDANKENFENSTER

GEDANKENFENSTER

MORGEN

Schlaf: gut [ ] okay [ ] schlecht [ ]
Wasseraufnahme: 1x [ ] 2x [ ] 3 [ ] 4x [ ]
Frühstück: ja [ ] nein [ ]
Snack: ja [ ] nein [ ]
Nahrungsergänzungsmittel: ja [ ] nein [ ]
Medikamente: ja [ ] nein [ ]
Sport: ja [ ] nein [ ]

Was ist Gutes passiert?

_____

_____

_____

_____

_____

Was ist Schlechtes passiert?

_____

_____

_____

_____

_____

Gesamtstimmung: gut [ ] okay [ ] schlecht [ ]

Seelenfenster

MITTAG

Wasseraufnahme: 1x [ ] 2x [ ] 3x [ ] 4x [ ]
Mittagessen: ja [ ] nein [ ]
Snack: ja [ ] nein [ ]
Nahrungsergänzungsmittel: ja [ ] nein [ ]
Medikamente: ja [ ] nein [ ]
Sport: ja [ ] nein [ ]

Was ist Gutes passiert?

_____

_____

_____

_____

_____

Was ist Schlechtes passiert?

_____

_____

_____

_____

_____

Gesamtstimmung: gut [ ] okay [ ] schlecht [ ]

ABEND

Wasseraufnahme: 1x [ ] 2x [ ] 3x [ ] 4x [ ]
Abendessen: ja [ ] nein [ ]
Snack: ja [ ] nein [ ]
Nahrungsergänzungsmittel: ja [ ] nein [ ]
Medikamente: ja [ ] nein [ ]
Sport: ja [ ] nein [ ]

Was ist Gutes passiert?

_____

_____

_____

_____

_____

Was ist Schlechtes passiert?

_____

_____

_____

_____

_____

Gesamtstimmung: gut [ ] okay [ ] schlecht [ ]

GEDANKENFENSTER

_____

_____

_____

_____

_____

_____

_____

_____

_____

_____

_____

_____

_____

GEDANKENFENSTER

_____

_____

_____

_____

_____

_____

_____

_____

_____

_____

_____

_____

_____

_____

_____

_____

GEDANKENFENSTER

_____

_____

_____

_____

_____

_____

_____

_____

_____

_____

_____

_____

_____

_____

Seelenfenster

GEDANKENFENSTER

_____

_____

_____

_____

_____

_____

_____

_____

_____

_____

_____

_____

_____

_____

MORGEN

Schlaf: gut [ ] okay [ ] schlecht [ ]
Wasseraufnahme: 1x [ ] 2x [ ] 3 [ ] 4x [ ]
Frühstück: ja [ ] nein [ ]
Snack: ja [ ] nein [ ]
Nahrungsergänzungsmittel: ja [ ] nein [ ]
Medikamente: ja [ ] nein [ ]
Sport: ja [ ] nein [ ]

Was ist Gutes passiert?

_____

_____

_____

_____

_____

Was ist Schlechtes passiert?

_____

_____

_____

_____

Gesamtstimmung: gut [ ] okay [ ] schlecht [ ]

MITTAG

Wasseraufnahme: 1x [ ] 2x [ ] 3x [ ] 4x [ ]
Mittagessen: ja [ ] nein [ ]
Snack: ja [ ] nein [ ]
Nahrungsergänzungsmittel: ja [ ] nein [ ]
Medikamente: ja [ ] nein [ ]
Sport: ja [ ] nein [ ]

Was ist Gutes passiert?

_____

_____

_____

_____

_____

Was ist Schlechtes passiert?

_____

_____

_____

_____

_____

Gesamtstimmung: gut [ ] okay [ ] schlecht [ ]

ABEND

Wasseraufnahme: 1x [ ] 2x [ ] 3x [ ] 4x [ ]
Abendessen: ja [ ] nein [ ]
Snack: ja [ ] nein [ ]
Nahrungsergänzungsmittel: ja [ ] nein [ ]
Medikamente: ja [ ] nein [ ]
Sport: ja [ ] nein [ ]

Was ist Gutes passiert?

_____

_____

_____

_____

_____

Was ist Schlechtes passiert?

_____

_____

_____

_____

_____

Gesamtstimmung: gut [ ] okay [ ] schlecht [ ]

GEDANKENFENSTER

_____

_____

_____

_____

_____

_____

_____

_____

_____

_____

_____

_____

_____

_____

_____

_____

GEDANKENFENSTER

_____

_____

_____

_____

_____

_____

_____

_____

_____

_____

_____

_____

_____

_____

GEDANKENFENSTER

_____

_____

_____

_____

_____

_____

_____

_____

_____

_____

_____

_____

_____

_____

_____

_____

GEDANKENFENSTER

_____

_____

_____

_____

_____

_____

_____

_____

_____

_____

_____

_____

_____

_____

_____

MORGEN

Schlaf: gut [ ] okay [ ] schlecht [ ]
Wasseraufnahme: 1x [ ] 2x [ ] 3 [ ] 4x [ ]
Frühstück: ja [ ] nein [ ]
Snack: ja [ ] nein [ ]
Nahrungsergänzungsmittel: ja [ ] nein [ ]
Medikamente: ja [ ] nein [ ]
Sport: ja [ ] nein [ ]

Was ist Gutes passiert?

_____

_____

_____

_____

Was ist Schlechtes passiert?

_____

_____

_____

_____

Gesamtstimmung: gut [ ] okay [ ] schlecht [ ]

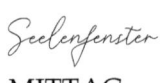

MITTAG

Wasseraufnahme: 1x [ ] 2x [ ] 3x [ ] 4x [ ]
Mittagessen: ja [ ] nein [ ]
Snack: ja [ ] nein [ ]
Nahrungsergänzungsmittel: ja [ ] nein [ ]
Medikamente: ja [ ] nein [ ]
Sport: ja [ ] nein [ ]

Was ist Gutes passiert?

_____

_____

_____

_____

_____

Was ist Schlechtes passiert?

_____

_____

_____

_____

Gesamtstimmung: gut [ ] okay [ ] schlecht [ ]

ABEND

Wasseraufnahme: 1x [ ] 2x [ ] 3x [ ] 4x [ ]
Abendessen: ja [ ] nein [ ]
Snack: ja [ ] nein [ ]
Nahrungsergänzungsmittel: ja [ ] nein [ ]
Medikamente: ja [ ] nein [ ]
Sport: ja [ ] nein [ ]

Was ist Gutes passiert?

_____

_____

_____

_____

_____

Was ist Schlechtes passiert?

_____

_____

_____

_____

_____

Gesamtstimmung: gut [ ] okay [ ] schlecht [ ]

Seelenfenster

RIA DEL MOURO

GEDANKENFENSTER

_____

_____

_____

_____

_____

_____

_____

_____

_____

_____

_____

_____

_____

_____

GEDANKENFENSTER

GEDANKENFENSTER

_____

_____

_____

_____

_____

_____

_____

_____

_____

_____

_____

_____

_____

_____

_____

GEDANKENFENSTER

_____

_____

_____

_____

_____

_____

_____

_____

_____

_____

_____

_____

_____

_____

_____

MORGEN

Schlaf: gut [ ] okay [ ] schlecht [ ]
Wasseraufnahme: 1x [ ] 2x [ ] 3 [ ] 4x [ ]
Frühstück: ja [ ] nein [ ]
Snack: ja [ ] nein [ ]
Nahrungsergänzungsmittel: ja [ ] nein [ ]
Medikamente: ja [ ] nein [ ]
Sport: ja [ ] nein [ ]

Was ist Gutes passiert?

_____

_____

_____

_____

_____

Was ist Schlechtes passiert?

_____

_____

_____

_____

Gesamtstimmung: gut [ ] okay [ ] schlecht [ ]

MITTAG

Wasseraufnahme: 1x [ ] 2x [ ] 3x [ ] 4x [ ]
Mittagessen: ja [ ] nein [ ]
Snack: ja [ ] nein [ ]
Nahrungsergänzungsmittel: ja [ ] nein [ ]
Medikamente: ja [ ] nein [ ]
Sport: ja [ ] nein [ ]

Was ist Gutes passiert?

_____

_____

_____

_____

_____

Was ist Schlechtes passiert?

_____

_____

_____

_____

_____

Gesamtstimmung: gut [ ] okay [ ] schlecht [ ]

ABEND

Wasseraufnahme: 1x [ ] 2x [ ] 3x [ ] 4x [ ]
Abendessen: ja [ ] nein [ ]
Snack: ja [ ] nein [ ]
Nahrungsergänzungsmittel: ja [ ] nein [ ]
Medikamente: ja [ ] nein [ ]
Sport: ja [ ] nein [ ]

Was ist Gutes passiert?

_____

_____

_____

_____

_____

Was ist Schlechtes passiert?

_____

_____

_____

_____

_____

Gesamtstimmung: gut [ ] okay [ ] schlecht [ ]

GEDANKENFENSTER

GEDANKENFENSTER

_____

_____

_____

_____

_____

_____

_____

_____

_____

_____

_____

_____

_____

GEDANKENFENSTER

_____

_____

_____

_____

_____

_____

_____

_____

_____

_____

_____

_____

_____

_____

GEDANKENFENSTER

_____

_____

_____

_____

_____

_____

_____

_____

_____

_____

_____

_____

_____

_____

_____

_____

MORGEN

Schlaf: gut [ ] okay [ ] schlecht [ ]
Wasseraufnahme: 1x [ ] 2x [ ] 3 [ ] 4x [ ]
Frühstück: ja [ ] nein [ ]
Snack: ja [ ] nein [ ]
Nahrungsergänzungsmittel: ja [ ] nein [ ]
Medikamente: ja [ ] nein [ ]
Sport: ja [ ] nein [ ]

Was ist Gutes passiert?

_____

_____

_____

_____

_____

Was ist Schlechtes passiert?

_____

_____

_____

_____

_____

Gesamtstimmung: gut [ ] okay [ ] schlecht [ ]

MITTAG

Wasseraufnahme: 1x [ ] 2x [ ] 3x [ ] 4x [ ]
Mittagessen: ja [ ] nein [ ]
Snack: ja [ ] nein [ ]
Nahrungsergänzungsmittel: ja [ ] nein [ ]
Medikamente: ja [ ] nein [ ]
Sport: ja [ ] nein [ ]

Was ist Gutes passiert?

_____

_____

_____

_____

_____

Was ist Schlechtes passiert?

_____

_____

_____

_____

_____

Gesamtstimmung: gut [ ] okay [ ] schlecht [ ]

ABEND

Wasseraufnahme: 1x [ ] 2x [ ] 3x [ ] 4x [ ]
Abendessen: ja [ ] nein [ ]
Snack: ja [ ] nein [ ]
Nahrungsergänzungsmittel: ja [ ] nein [ ]
Medikamente: ja [ ] nein [ ]
Sport: ja [ ] nein [ ]

Was ist Gutes passiert?

_____

_____

_____

_____

_____

Was ist Schlechtes passiert?

_____

_____

_____

_____

_____

Gesamtstimmung: gut [ ] okay [ ] schlecht [ ]

GEDANKENFENSTER

_____

_____

_____

_____

_____

_____

_____

_____

_____

_____

_____

_____

_____

GEDANKENFENSTER

GEDANKENFENSTER

_____

_____

_____

_____

_____

_____

_____

_____

_____

_____

_____

_____

_____

_____

GEDANKENFENSTER

_____

_____

_____

_____

_____

_____

_____

_____

_____

_____

_____

_____

_____

_____

_____

_____

MORGEN

Schlaf: gut [ ] okay [ ] schlecht [ ]
Wasseraufnahme: 1x [ ] 2x [ ] 3 [ ] 4x [ ]
Frühstück: ja [ ] nein [ ]
Snack: ja [ ] nein [ ]
Nahrungsergänzungsmittel: ja [ ] nein [ ]
Medikamente: ja [ ] nein [ ]
Sport: ja [ ] nein [ ]

Was ist Gutes passiert?

_____

_____

_____

_____

_____

Was ist Schlechtes passiert?

_____

_____

_____

_____

_____

Gesamtstimmung: gut [ ] okay [ ] schlecht [ ]

MITTAG

Wasseraufnahme: 1x [ ] 2x [ ] 3x [ ] 4x [ ]
Mittagessen: ja [ ] nein [ ]
Snack: ja [ ] nein [ ]
Nahrungsergänzungsmittel: ja [ ] nein [ ]
Medikamente: ja [ ] nein [ ]
Sport: ja [ ] nein [ ]

Was ist Gutes passiert?

_____

_____

_____

_____

_____

Was ist Schlechtes passiert?

_____

_____

_____

_____

_____

Gesamtstimmung: gut [ ] okay [ ] schlecht [ ]

ABEND

Wasseraufnahme: 1x [ ] 2x [ ] 3x [ ] 4x [ ]
Abendessen: ja [ ] nein [ ]
Snack: ja [ ] nein [ ]
Nahrungsergänzungsmittel: ja [ ] nein [ ]
Medikamente: ja [ ] nein [ ]
Sport: ja [ ] nein [ ]

Was ist Gutes passiert?

_____

_____

_____

_____

_____

Was ist Schlechtes passiert?

_____

_____

_____

_____

_____

Gesamtstimmung: gut [ ] okay [ ] schlecht [ ]

GEDANKENFENSTER

_____

_____

_____

_____

_____

_____

_____

_____

_____

_____

_____

_____

_____

_____

_____

_____

GEDANKENFENSTER

GEDANKENFENSTER

GEDANKENFENSTER

_____

_____

_____

_____

_____

_____

_____

_____

_____

_____

_____

_____

_____

_____

MORGEN

Schlaf: gut [ ] okay [ ] schlecht [ ]
Wasseraufnahme: 1x [ ] 2x [ ] 3 [ ] 4x [ ]
Frühstück: ja [ ] nein [ ]
Snack: ja [ ] nein [ ]
Nahrungsergänzungsmittel: ja [ ] nein [ ]
Medikamente: ja [ ] nein [ ]
Sport: ja [ ] nein [ ]

Was ist Gutes passiert?

_____

_____

_____

_____

_____

Was ist Schlechtes passiert?

_____

_____

_____

_____

_____

Gesamtstimmung: gut [ ] okay [ ] schlecht [ ]

MITTAG

Wasseraufnahme: 1x [ ] 2x [ ] 3x [ ] 4x [ ]
Mittagessen: ja [ ] nein [ ]
Snack: ja [ ] nein [ ]
Nahrungsergänzungsmittel: ja [ ] nein [ ]
Medikamente: ja [ ] nein [ ]
Sport: ja [ ] nein [ ]

Was ist Gutes passiert?

_____

_____

_____

_____

_____

Was ist Schlechtes passiert?

_____

_____

_____

_____

Gesamtstimmung: gut [ ] okay [ ] schlecht [ ]

ABEND

Wasseraufnahme: 1x [ ] 2x [ ] 3x [ ] 4x [ ]
Abendessen: ja [ ] nein [ ]
Snack: ja [ ] nein [ ]
Nahrungsergänzungsmittel: ja [ ] nein [ ]
Medikamente: ja [ ] nein [ ]
Sport: ja [ ] nein [ ]

Was ist Gutes passiert?

_____

_____

_____

_____

Was ist Schlechtes passiert?

_____

_____

_____

_____

Gesamtstimmung: gut [ ] okay [ ] schlecht [ ]

GEDANKENFENSTER

GEDANKENFENSTER

_____

_____

_____

_____

_____

_____

_____

_____

_____

_____

_____

_____

_____

_____

_____

GEDANKENFENSTER

_____

_____

_____

_____

_____

_____

_____

_____

_____

_____

_____

_____

_____

_____

GEDANKENFENSTER

_____

_____

_____

_____

_____

_____

_____

_____

_____

_____

_____

_____

_____

_____

_____

_____

MORGEN

Schlaf: gut [ ] okay [ ] schlecht [ ]
Wasseraufnahme: 1x [ ] 2x [ ] 3 [ ] 4x [ ]
Frühstück: ja [ ] nein [ ]
Snack: ja [ ] nein [ ]
Nahrungsergänzungsmittel: ja [ ] nein [ ]
Medikamente: ja [ ] nein [ ]
Sport: ja [ ] nein [ ]

Was ist Gutes passiert?

_____

_____

_____

_____

_____

Was ist Schlechtes passiert?

_____

_____

_____

_____

_____

Gesamtstimmung: gut [ ] okay [ ] schlecht [ ]

MITTAG

Wasseraufnahme: 1x [ ] 2x [ ] 3x [ ] 4x [ ]
Mittagessen: ja [ ] nein [ ]
Snack: ja [ ] nein [ ]
Nahrungsergänzungsmittel: ja [ ] nein [ ]
Medikamente: ja [ ] nein [ ]
Sport: ja [ ] nein [ ]

Was ist Gutes passiert?

_____

_____

_____

_____

_____

Was ist Schlechtes passiert?

_____

_____

_____

_____

_____

Gesamtstimmung: gut [ ] okay [ ] schlecht [ ]

ABEND

Wasseraufnahme: 1x [ ] 2x [ ] 3x [ ] 4x [ ]
Abendessen: ja [ ] nein [ ]
Snack: ja [ ] nein [ ]
Nahrungsergänzungsmittel: ja [ ] nein [ ]
Medikamente: ja [ ] nein [ ]
Sport: ja [ ] nein [ ]

Was ist Gutes passiert?

_____

_____

_____

_____

_____

Was ist Schlechtes passiert?

_____

_____

_____

_____

Gesamtstimmung: gut [ ] okay [ ] schlecht [ ]

GEDANKENFENSTER

GEDANKENFENSTER

_____

_____

_____

_____

_____

_____

_____

_____

_____

_____

_____

_____

_____

_____

_____

GEDANKENFENSTER

_____

_____

_____

_____

_____

_____

_____

_____

_____

_____

_____

_____

_____

_____

_____

_____

GEDANKENFENSTER

_____

_____

_____

_____

_____

_____

_____

_____

_____

_____

_____

_____

_____

_____

_____

_____

MORGEN

Schlaf: gut [ ] okay [ ] schlecht [ ]
Wasseraufnahme: 1x [ ] 2x [ ] 3 [ ] 4x [ ]
Frühstück: ja [ ] nein [ ]
Snack: ja [ ] nein [ ]
Nahrungsergänzungsmittel: ja [ ] nein [ ]
Medikamente: ja [ ] nein [ ]
Sport: ja [ ] nein [ ]

Was ist Gutes passiert?

_____

_____

_____

_____

_____

Was ist Schlechtes passiert?

_____

_____

_____

_____

_____

Gesamtstimmung: gut [ ] okay [ ] schlecht [ ]

MITTAG

Wasseraufnahme: 1x [ ] 2x [ ] 3x [ ] 4x [ ]
Mittagessen: ja [ ] nein [ ]
Snack: ja [ ] nein [ ]
Nahrungsergänzungsmittel: ja [ ] nein [ ]
Medikamente: ja [ ] nein [ ]
Sport: ja [ ] nein [ ]

Was ist Gutes passiert?

_____

_____

_____

_____

_____

Was ist Schlechtes passiert?

_____

_____

_____

_____

Gesamtstimmung: gut [ ] okay [ ] schlecht [ ]

ABEND

Wasseraufnahme: 1x [ ] 2x [ ] 3x [ ] 4x [ ]
Abendessen: ja [ ] nein [ ]
Snack: ja [ ] nein [ ]
Nahrungsergänzungsmittel: ja [ ] nein [ ]
Medikamente: ja [ ] nein [ ]
Sport: ja [ ] nein [ ]

Was ist Gutes passiert?

_____

_____

_____

_____

_____

Was ist Schlechtes passiert?

_____

_____

_____

_____

_____

Gesamtstimmung: gut [ ] okay [ ] schlecht [ ]

GEDANKENFENSTER

_____

_____

_____

_____

_____

_____

_____

_____

_____

_____

_____

_____

_____

_____

GEDANKENFENSTER

GEDANKENFENSTER

_____

_____

_____

_____

_____

_____

_____

_____

_____

_____

_____

_____

_____

GEDANKENFENSTER

_____

_____

_____

_____

_____

_____

_____

_____

_____

_____

_____

_____

_____

_____

_____

MORGEN

Schlaf: gut [ ] okay [ ] schlecht [ ]
Wasseraufnahme: 1x [ ] 2x [ ] 3 [ ] 4x [ ]
Frühstück: ja [ ] nein [ ]
Snack: ja [ ] nein [ ]
Nahrungsergänzungsmittel: ja [ ] nein [ ]
Medikamente: ja [ ] nein [ ]
Sport: ja [ ] nein [ ]

Was ist Gutes passiert?

_____

_____

_____

_____

_____

Was ist Schlechtes passiert?

_____

_____

_____

_____

_____

Gesamtstimmung: gut [ ] okay [ ] schlecht [ ]

MITTAG

Wasseraufnahme: 1x [ ] 2x [ ] 3x [ ] 4x [ ]
Mittagessen: ja [ ] nein [ ]
Snack: ja [ ] nein [ ]
Nahrungsergänzungsmittel: ja [ ] nein [ ]
Medikamente: ja [ ] nein [ ]
Sport: ja [ ] nein [ ]

Was ist Gutes passiert?

_____

_____

_____

_____

_____

Was ist Schlechtes passiert?

_____

_____

_____

_____

_____

Gesamtstimmung: gut [ ] okay [ ] schlecht [ ]

ABEND

Wasseraufnahme: 1x [ ] 2x [ ] 3x [ ] 4x [ ]
Abendessen: ja [ ] nein [ ]
Snack: ja [ ] nein [ ]
Nahrungsergänzungsmittel: ja [ ] nein [ ]
Medikamente: ja [ ] nein [ ]
Sport: ja [ ] nein [ ]

Was ist Gutes passiert?

_____

_____

_____

_____

_____

Was ist Schlechtes passiert?

_____

_____

_____

_____

_____

Gesamtstimmung: gut [ ] okay [ ] schlecht [ ]

RIA DEL MOURO

GEDANKENFENSTER

GEDANKENFENSTER

_____

_____

_____

_____

_____

_____

_____

_____

_____

_____

_____

_____

_____

_____

GEDANKENFENSTER

_____

_____

_____

_____

_____

_____

_____

_____

_____

_____

_____

_____

_____

_____

_____

_____

GEDANKENFENSTER

_____

_____

_____

_____

_____

_____

_____

_____

_____

_____

_____

_____

_____

_____

_____

MORGEN

Schlaf: gut [ ] okay [ ] schlecht [ ]
Wasseraufnahme: 1x [ ] 2x [ ] 3 [ ] 4x [ ]
Frühstück: ja [ ] nein [ ]
Snack: ja [ ] nein [ ]
Nahrungsergänzungsmittel: ja [ ] nein [ ]
Medikamente: ja [ ] nein [ ]
Sport: ja [ ] nein [ ]

Was ist Gutes passiert?

_____

_____

_____

_____

_____

Was ist Schlechtes passiert?

_____

_____

_____

_____

Gesamtstimmung: gut [ ] okay [ ] schlecht [ ]

Seelenfenster

MITTAG

Wasseraufnahme: 1x [ ] 2x [ ] 3x [ ] 4x [ ]
Mittagessen: ja [ ] nein [ ]
Snack: ja [ ] nein [ ]
Nahrungsergänzungsmittel: ja [ ] nein [ ]
Medikamente: ja [ ] nein [ ]
Sport: ja [ ] nein [ ]

Was ist Gutes passiert?

_____

_____

_____

_____

_____

Was ist Schlechtes passiert?

_____

_____

_____

_____

Gesamtstimmung: gut [ ] okay [ ] schlecht [ ]

ABEND

Wasseraufnahme: 1x [ ] 2x [ ] 3x [ ] 4x [ ]
Abendessen: ja [ ] nein [ ]
Snack: ja [ ] nein [ ]
Nahrungsergänzungsmittel: ja [ ] nein [ ]
Medikamente: ja [ ] nein [ ]
Sport: ja [ ] nein [ ]

Was ist Gutes passiert?

_____

_____

_____

_____

_____

Was ist Schlechtes passiert?

_____

_____

_____

_____

_____

Gesamtstimmung: gut [ ] okay [ ] schlecht [ ]

GEDANKENFENSTER

_____

_____

_____

_____

_____

_____

_____

_____

_____

_____

_____

_____

_____

_____

_____

GEDANKENFENSTER

_____

_____

_____

_____

_____

_____

_____

_____

_____

_____

_____

_____

_____

_____

GEDANKENFENSTER

_____

_____

_____

_____

_____

_____

_____

_____

_____

_____

_____

_____

_____

_____

GEDANKENFENSTER

MORGEN

Schlaf: gut [ ] okay [ ] schlecht [ ]
Wasseraufnahme: 1x [ ] 2x [ ] 3 [ ] 4x [ ]
Frühstück: ja [ ] nein [ ]
Snack: ja [ ] nein [ ]
Nahrungsergänzungsmittel: ja [ ] nein [ ]
Medikamente: ja [ ] nein [ ]
Sport: ja [ ] nein [ ]

Was ist Gutes passiert?

_____

_____

_____

_____

_____

Was ist Schlechtes passiert?

_____

_____

_____

_____

_____

Gesamtstimmung: gut [ ] okay [ ] schlecht [ ]

MITTAG

Wasseraufnahme: 1x [ ] 2x [ ] 3x [ ] 4x [ ]
Mittagessen: ja [ ] nein [ ]
Snack: ja [ ] nein [ ]
Nahrungsergänzungsmittel: ja [ ] nein [ ]
Medikamente: ja [ ] nein [ ]
Sport: ja [ ] nein [ ]

Was ist Gutes passiert?

_____

_____

_____

_____

_____

Was ist Schlechtes passiert?

_____

_____

_____

_____

_____

Gesamtstimmung: gut [ ] okay [ ] schlecht [ ]

ABEND

Wasseraufnahme: 1x [ ] 2x [ ] 3x [ ] 4x [ ]
Abendessen: ja [ ] nein [ ]
Snack: ja [ ] nein [ ]
Nahrungsergänzungsmittel: ja [ ] nein [ ]
Medikamente: ja [ ] nein [ ]
Sport: ja [ ] nein [ ]

Was ist Gutes passiert?

_____

_____

_____

_____

_____

Was ist Schlechtes passiert?

_____

_____

_____

_____

_____

Gesamtstimmung: gut [ ] okay [ ] schlecht [ ]

GEDANKENFENSTER

_____

_____

_____

_____

_____

_____

_____

_____

_____

_____

_____

_____

_____

_____

GEDANKENFENSTER

_____

_____

_____

_____

_____

_____

_____

_____

_____

_____

_____

_____

_____

_____

GEDANKENFENSTER

GEDANKENFENSTER

_____

_____

_____

_____

_____

_____

_____

_____

_____

_____

_____

_____

_____

_____

IMPRESSUM

Die Deutsche Nationalbibliothek verzeichnet diese Publikation in der Deutschen Nationalbibliografie; detaillierte bibliografische Daten sind im Internet über https://dnb.dnb.de abrufbar. Die automatisierte Analyse des Werkes, um daraus Informationen insbesondere über Muster, Trends und Korrelationen gemäß § 44b UrhG („Text und Data Mining") zu gewinnen, ist untersagt.

ISBN: 978-3-7597-2302-4
Autorin: Ria del Mouro
Umschlagsgestaltung: Ria de lMouro
Illustrationen: Ria del Mouro
Kontakt: riadelmouro@gmx.de
Urheberrechtshinweis: © 2023 Ria del Mouro
Verlag: BoD · Books on Demand GmbH, Überseering 33, 22297 Hamburg, bod@bod.de
Druck: Libri Plureos GmbH, Friedensallee 273, 22763 Hamburg

Die Inhalte dieses Buches wurden mit größter Sorgfalt erstellt. Dennoch wird keine Gewähr für die Richtigkeit, Vollständigkeit und Aktualität der Angaben übernommen. Jegliche Haftung ist ausgeschlossen.